AF227352

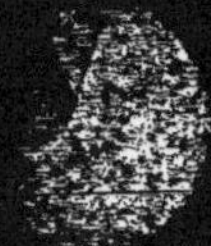

COMITÉ

DES INTÉRÊTS MÉTALLURGIQUES.

A MESSIEURS LES MEMBRES

DE LA

COMMISSION DES DOUANES

A LA CHAMBRE DES DÉPUTÉS.

(N° 7.)

PARIS.

JANVIER 1841.

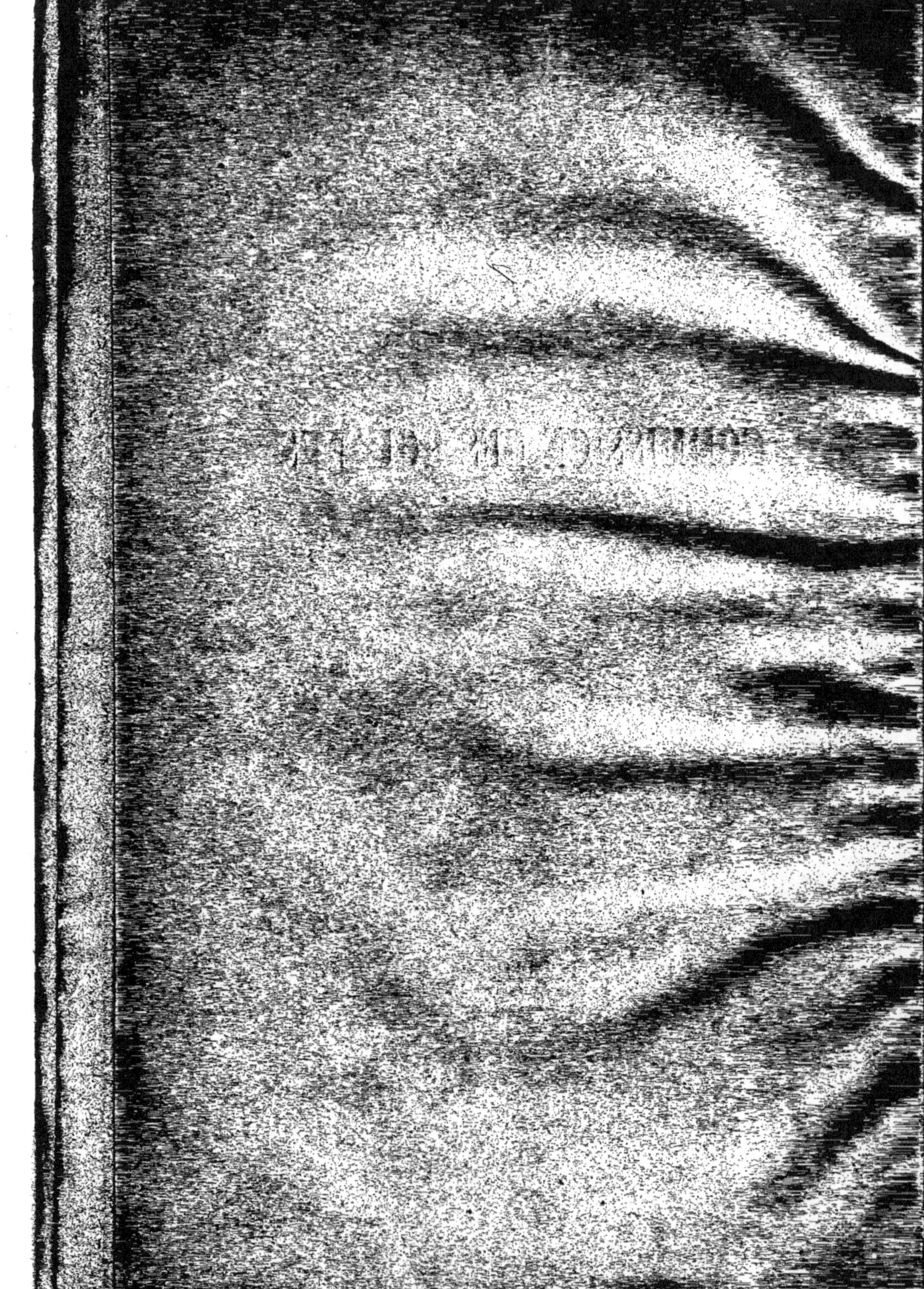

COMITÉ

DES INTÉRÊTS MÉTALLURGIQUES.

A MESSIEURS LES MEMBRES

DE LA

COMMISSION DES DOUANES

A LA CHAMBRE DES DÉPUTÉS.

(Nº 7.)

PARIS.

JANVIER 1841.

A MESSIEURS LES MEMBRES

DE LA

COMMISSION DES DOUANES

A LA CHAMBRE DES DÉPUTÉS.

Messieurs,

Si l'élément de progrès le plus indispensable est la sécurité, si les progrès accomplis avec sagesse, et, pour ainsi dire, avec méthode, sont les seuls qui méritent ce nom, parce que seuls ils ont un caractère de durée, il faut invinciblement admettre que les tiraillements perpétuels, les attaques qui, à chaque session, remettent en question ce qui semblait admis et jugé, du moins pour un certain laps de temps, sont les obstacles les plus réels à tout progrès sérieux, à tout développement régulier des plans conçus avec le plus de maturité.

Ces réflexions, que vous appliquerez de vous-mêmes, Messieurs, aux questions générales et élevées qui sont le sujet habituel de vos méditations, conservent leur entière vérité lorsqu'on les applique à la question des fers en France, question spéciale à la vérité, mais qui mérite à un si haut degré votre sollicitude par la multiplicité des intérêts qu'elle embrasse. Elles naissent d'ailleurs tout naturellement, à l'occasion du nouveau changement dont la ratification va être demandée aux Chambres, changement dont on avait cru devoir hâter l'exécution par une ordonnance.

La loi du 27 juillet 1822 avait fixé à 6 francs par cent kilogrammes les droits d'entrée sur les fontes brutes étrangères *introduites par terre*. Celle du 2 juillet 1836 modifia déjà cette disposition : tout en maintenant le droit de 6 francs sur les fontes brutes ainsi introduites, elle l'avait réduit à 4 francs pour celles de ces fontes qui pénétreraient en France *entre Blancmisseron* (1) *et Sapogne* (2), deux points rapprochés l'un de l'autre, qui appartiennent à notre frontière belge. Par son Rapport déposé le 11 juillet 1840, la Commission proposa la même réduction à 4 francs, pour les fontes introduites en France dans l'immense intervalle qui sépare *Blancmisseron et Mont-Genèvre* (3), c'est-à-dire sur *presque toute l'étendue de notre frontière terrestre* ; et bientôt, comme s'il se fût agi d'une mesure urgente, une ordonnance du 24 septembre rendit exécutoire cet abaissement des tarifs.

Nous ignorons quel sera le sort de cette proposition aux Chambres ; mais il est certain que, si elle est acceptée, elle favorisera quelques usines, nuira au plus grand nombre, et que son effet sera bien peu sensible

(1) Un des bureaux de douane de l'arrondissement de Valenciennes (Nord).
(2) Bureau situé dans le canton de Carignan, arrondissement de Sedan (Ardennes).
(3) Bureau de douane de l'arrondissement de Briançon (Hautes Alpes).

pour le consommateur ; car le public ne consomme de fonte brute qu'indirectement, et seulement après que celle-ci a subi certaines transformations ; ce qui rend improbable qu'il profite de la différence que cette modification introduira dans le prix des fers et aciers achetés en forge. Aujourd'hui que l'ordonnance du 24 septembre a mis la Commission dans l'impossibilité de modifier son Rapport, nous demandons à la Chambre de faire acte de justice en n'acceptant les termes de l'ordonnance qu'avec un changement de date, et sous la condition que ces termes seront exécutoires dans un certain nombre d'années seulement, par exemple à partir du 1er janvier 1845. Cette latitude laissée aux intérêts engagés leur épargnerait les secousses qui résultent de tout mouvement brusque, et leur permettrait de se mettre en mesure de parer à un mal qui dès lors serait prévu.

La facilité, l'espèce de précipitation avec laquelle on porte des coups répétés à une industrie qui a tant souffert depuis quelques années, tient évidemment à l'idée fausse qu'on se fait de sa position. Les maîtres de forges sont généralement représentés comme exploitant un monopole qui coûte cher aux populations, comme refusant de suivre le mouvement rapide qui entraîne toutes les industries vers des procédés perfectionnés, et profitant ainsi de la protection des tarifs pour, à la fois, s'enrichir et laisser leur art stationnaire. Si un pareil fait approchait seulement de la vérité, nous n'hésiterions pas à déclarer que tous les reproches ont été mérités, et nous n'accepterions pas la tâche de justifier ce qui serait sans excuse au temps où nous vivons. Mais loin d'être l'expression de la vérité, cette double accusation est démentie par tous les faits qu'il nous suffira d'énoncer rapidement, pour montrer combien il est facile, dans certains cas, de faire prendre le change à l'opinion publique, et d'entraîner même les hommes éclairés dans l'illusion d'une apparence.

Depuis l'invention des hauts fourneaux au quinzième siècle, qui est le siècle de presque toutes les grandes découvertes, il est très-vrai que la fabrication du fer avait cessé d'accomplir de ces progrès qui font époque dans l'histoire de l'art. A la fin du dix-huitième siècle et au commencement du dix-neuvième, les perfectionnements par lesquels l'Angleterre se signala s'introduisirent difficilement en France, non-seulement parce que la guerre isolait les différents peuples de l'Europe, mais surtout parce que la constitution de notre sol nous refusait ce qui semblait être la base des procédés anglais. La réunion sur un même point, du minerai, du combustible minéral, et de la castine, se trouvait, tout examen fait, fort loin d'être aussi fréquente qu'en Angleterre. Cependant, de 1820 à 1830, les grandes usines de la Loire, de la Moselle, de l'Ardèche, de l'Aveyron, du Gard, etc., s'élevèrent successivement; en 1829 on comptait déjà plus de 47 millions engagés dans les nouvelles usines travaillant à la houille; une rivalité redoutable se trouva donc installée à l'intérieur, et la fabrication au bois dut s'examiner avec attention, pour mesurer ses ressources, ses moyens de lutte, pour calculer son avenir, et prendre un parti. En lisant la *Notice* (1) ci-jointe, on verra si ces hésitations furent bien longues, et si la nécessité de consacrer

(1) *Voyez* page 13.

d'énormes capitaux à des perfectionnements incertains
fut adoptée avec résolution; mais remarquons d'abord
ici que la France ne possède aucun moyen régulier de
faire des expériences; elle manque d'usines modèles où
l'on pourrait tenter, aux frais de tous, des essais qui, en
cas de succès, profiteraient immédiatement à tous, et coû-
teraient bien peu, eu égard à ce que coûtent aujourd'hui
les nombreuses tentatives infructueuses qui précèdent le
plus petit perfectionnement. Nos maîtres de forges, qui
ne s'appuyaient pas sur des fortunes comparables à
celles des capitalistes anglais, reconnurent rapidement
qu'ils devaient marcher, qu'il fallait à tout prix modifier leurs procédés; mais en même temps ils ne durent
pas se dissimuler qu'ils ne pouvaient compter que sur
eux-mêmes, et que, placés entre la nécessité de succom-
ber, ou de vivre moyennant d'énormes sacrifices, ces
sacrifices pèseraient sur eux seuls, et pèseraient d'un
double poids, car leur accomplissement devait indis-
pensablement coïncider avec la baisse notable que l'in-
troduction des procédés anglais ne pouvait manquer
d'amener sur leurs produits. Ils étaient loin de soup-
çonner, alors, que la hausse des bois viendrait encore
s'ajouter à tant de difficultés.

Ainsi s'explique, Messieurs, cette incessante ténacité
avec laquelle vous nous avez vus demander le maintien de droits protecteurs; ainsi s'explique l'ardeur de
la lutte que nous avons soutenue et que nous continue-
rons avec un courage puisé dans la conscience que
l'intérêt de nos établissements est intimement lié à
l'intérêt du pays. Nous laissons aux esprits superficiels
le soin de proclamer que nous abusons de la protection des tarifs; les esprits sérieux, ceux qui ne se for-

ment une opinion qu'après l'examen attentif des faits, rejetteront une pareille assertion au nombre de ces déclamations quotidiennes qui ne reposent sur aucune base, et ils se diront que depuis longues années l'intérêt privé aurait vingt fois succombé devant l'intérêt public, si réellement ces deux intérêts étaient en opposition ; ils se diront qu'il doit y avoir quelque chose de bien fort au fond de notre insistance, pour que dans une lutte où toutes les préventions étaient contre nous, l'attaque ait perdu chaque jour quelque chose de sa force apparente, et pour qu'au contraire la défense ait vu bon nombre de convictions qui lui étaient contraires se rendre aux raisons si simples qu'elle fait valoir.

Oui, Messieurs, si l'on veut examiner de près la position critique dans laquelle la fabrication au bois se trouva placée par l'adoption des procédés anglais en Europe, on verra qu'elle a promptement pris le parti de changer son système pour le perfectionner, et qu'elle l'a pris avec une vigueur dont les faits rendent pleinement témoignage.

Nous avons présenté, dans la *Notice* qui se trouve à la suite de cet exposé, un résumé rapide des nombreux changements apportés aux procédés de fabrication depuis une quinzaine d'années. On y trouvera l'entière confirmation de ce que nous avons eu plus d'une fois l'occasion de signaler aux Chambres. Tous ces procédés n'ont pas également réussi, mais les tentatives infructueuses sont celles qui coûtent le plus, car elles sont sans compensation, et elles viennent comme preuve de ce que nous disions tout à l'heure. La Commission verra, par ce simple exposé des faits, combien sont nombreuses les difficultés que nous avons à vaincre ;

elle verra qu'il nous est, en quelque sorte, interdit de généraliser, car ce qui a réussi sur un point a échoué sur un autre, et elle s'expliquera ainsi l'apparente lenteur des progrès que nous accomplissons.

C'est en présence de cette masse de faits, qui sont la preuve irrécusable des sacrifices que nous nous sommes imposés depuis dix ans, que nous demandons si l'instant est bien choisi pour jeter au milieu de nous l'inquiétude et une cause d'hésitation, en retirant, ou du moins en affaiblissant, la protection qui nous est accordée. N'était-ce pas assez que le cours des événements eût amené sur nos produits une baisse de trente pour cent (1), baisse qui a déjà entraîné tant de ruines, et ne devait-on pas attendre, pour y ajouter volontairement une nouvelle baisse, que nous fussions en mesure de la supporter sans inconvénient, lorsque, dans quelques années, nous serions, pour ainsi dire, entrés en jouissance de nos perfectionnements ?

Au moment où l'industrie des forges s'est engagée franchement et avec ardeur dans une voie progressive, au moment où elle est exposée chaque jour à voir un système nouveau donner l'infériorité au système qu'elle vient d'adopter, et rendre inutiles, peut-être, les dépenses considérables qu'elle a faites, on peut affirmer qu'elle ne mérita jamais davantage la sollicitude de l'Administration, et notre surprise a été grande, nous l'avouons, lorsque nous avons vu la Commission des douanes faire concorder la proposition d'un abaissement des tarifs avec les efforts dont nous mettons le

---

(1) *Observations présentées à Messieurs les membres de la Commission des chemins de fer à la Chambre des députés, sur la situation des usines à fer,* pages 23 et 24 ; publication du Comité en avril 1840.

tableau sous ses yeux. Quant à l'ordonnance qui a devancé le vote des Chambres pour amener le plus vite possible une baisse que tant de raisons devaient faire craindre et ajourner, elle reste inexplicable à nos yeux.

Peut-être les tarifs sont-ils à retoucher sur un certain nombre de points, mais c'est en sens inverse des modifications qu'on veut leur faire subir ; nous allons en citer un exemple :

La fabrication des fortes ancres pour navires n'était montée, jusqu'à ces derniers temps, que dans les usines de Guérigny (Nièvre), qui appartiennent au Gouvernement et travaillent exclusivement pour les bâtiments de l'État. Quelques usines fabriquent de petites ancres, et un droit d'entrée suffisamment élevé les protége ; mais pour les ancres d'un fort poids, celles de deux cent cinquante kilogrammes et au-dessus, notre marine marchande va les chercher en Angleterre, et elles ne supportent à l'entrée qu'un droit très-faible. Or, certaines forges, et notamment les forges d'Abbesse, dans les Landes, ont organisé cette fabrication des grosses ancres sur une assez grande échelle pour suffire à tous les besoins de nos ports, et on laisse ces usines soutenir contre l'Angleterre une lutte inégale qui peut aboutir à nous priver d'une grande ressource dans le cas où des événements toujours possibles viendraient à se réaliser.

Nous espérons, Messieurs, que, plus complétement éclairés sur notre véritable position, vous consentirez à ajourner du moins la mesure contre laquelle nous réclamons, et qu'en même temps vous n'hésiterez pas à élever le droit sur les grosses ancres au niveau de celui que supportent les petites ancres. Gardons-nous d'ou-

vrir intempestivement nos marchés : les événements po-
litiques qui viennent de s'accomplir, et dont l'issue est
encore incertaine, doivent être pour nous un grave en-
seignement. Ils ont comme tracé la marche que l'Administration doit suivre à notre égard, marche qui,
après tout, n'est et ne peut être que la répétition de
celle qu'a suivie l'Angleterre elle-même, qui a fermé
ses ports quand elle créait un mode de fabrication ap-
proprié à la constitution de son sol, et qui ne les a
ouverts que quand elle a pu lutter avec avantage.

De grands désastres dans notre industrie sont venus
confirmer et malheureusement dépasser les craintes que
nous exprimions, il y a moins d'un an ; et lorsqu'au nom
de tous nos collègues, nous demandons le maintien pur
et simple des droits qui protégent notre industrie, ou
lorsque nous proposons des modifications aussi simples
et aussi justes que celle dont nous venons de parler, nous
ne pouvons pas mettre en doute que la sagesse des
Chambres saura comprendre, et sanctionner par ses
actes, la modération de notre langage.

Nous avons l'honneur d'être, Messieurs,

Vos très-humbles et très-obéissants serviteurs.

Les membres du Comité :

BENOIST (Denis), BEUGON-ARSON, HOCHET,
MUEL-DOUBLAT, PALYART, SCHNEIDER
aîné, DE VOGUÉ.

Paris, janvier 1841.

NOTICE

SUR LES PERFECTIONNEMENTS

INTRODUITS

DANS LES USINES A FER

DEPUIS QUINZE ANS.

Dès 1826 et 1827, les premières tentatives furent faites dans le département de la Haute-Marne pour substituer complétement (1) la houille au charbon de bois dans l'affinage de la fonte, et ces tentatives, suivies de succès, ont créé une nouvelle méthode connue sous le nom d'*affinage mixte* ou *affinage champenois*, parce que la Champagne l'a adoptée unanimement ; mais il convient d'ajouter que ce mode d'affinage se répand dans la Bourgogne, le Périgord, le Nivernais, la Normandie, etc., et qu'il sera successivement adopté sur tous les points de notre territoire où les moyens encore si imparfaits de communication permettront à la

(1) En l'an X (1801-1802) M. l'ingénieur des mines Rosière avait fait, dans le même département de la Haute-Marne, une série d'expériences desquelles il avait conclu qu'on pouvait dans l'affinage de la fonte employer avec avantage un *cinquième* de houille. (*Journal des Mines*, t. XVII, p. 35-50, et p. 225-234.)

houille d'arriver. En dehors des détails techniques que nous éviterons de multiplier ici, on voit tout de suite quelle heureuse influence ce procédé peut exercer sur l'industrie du fer en France, puisqu'il permettra de consacrer presque exclusivement le combustible végétal à la fabrication de la fonte, et que cette fabrication peut être doublée en même temps que nos houillères verront s'ouvrir, pour elles, un immense débouché.

Parmi les usines marchant au coke, quelques-unes ont essayé l'emploi de la houille crue dans les hauts fourneaux, et si cette tentative n'a pas été suivie de succès, si elle ne peut pas encore être considérée comme un progrès acquis à l'art des forges, elle ne doit pas moins être considérée comme une de ces expériences coûteuses qui viennent à l'appui des observations que nous avons l'honneur de présenter à la Commission des douanes. Toutefois cet emploi reste en France à l'état problématique, car peut-être n'avait-on pas assez tenu compte de ce qu'enseignait à cet égard la pratique anglaise? peut-être n'avait-on pas assez remarqué que les houilles employées à l'état cru et traitées à l'air froid étaient de véritables anthracites assez carbonées, et que celles traitées à l'air chaud, dans les mêmes circonstances, étaient encore des houilles sèches? Ceci nous conduit tout naturellement à parler de l'anthracite.

Anthracite.   Cet autre combustible minéral avait depuis longtemps attiré l'attention, mais la difficulté de sa combustion l'avait toujours fait écarter des diverses opérations qu'embrassent les procédés de fabrication de la fonte et du fer. En 1828, on essaya à Vizille (Isère) de l'employer au puddlage, et cet emploi fut déclaré impossible. Dès 1824, une usine avait été créée dans la même localité, pour employer à la fusion des minerais de fer l'anthracite que fournissent les gîtes puissants de Lamure ; mais deux fondages successifs ne donnèrent pas des résultats plus favorables que les tentatives faites antérieurement en Angleterre avec le même combustible, et le fondage le moins désavantageux que l'on parvint à obtenir fut celui qui avait lieu avec le mélange de $\frac{1}{4}$ d'anthracite et $\frac{1}{2}$ de coke de Rive-de-Gier. En 1837, cet intéressant problème a été enfin résolu par M. Georges Crane dans une usine du pays de Galles. Avec l'anthracite seule, mais une anthracite qui renferme plus de 94 pour cent de carbone et près de 5,4 d'hydrogène, il a obtenu de la fonte de moulage de qualité supérieure à celle obtenue au coke, fonte dont la production hebdomadaire a été augmentée dans le rapport de 25 à 55, et avec une économie de combustible qui, dans cette localité, est, en argent, dans le rapport de 18 à 5. Pour nous, maintenant, le problème à résoudre consiste à comparer attentivement la composition des anthracites dont nous pouvons disposer avec la composition de celles du pays de Galles, et à profiter de l'expérience anglaise pour utiliser nos divers gisements de cette substance qui devient de jour en jour plus précieuse après avoir été si longtemps dédaignée. Déjà, en France, des usines se montent pour faire l'application des procédés de M. Crane, et tenter à nouveau des essais dont tant de conditions délicates rendent la réussite incertaine.

Tourbe.

La tourbe fut aussi l'objet de tentatives variées. On savait que de 1795 à 1798 de nombreux essais avaient été faits à Bergen, en Bavière, pour appliquer la tourbe crue au traitement des minerais de fer dans un haut fourneau, et que ces essais n'avaient pas mieux réussi que ceux faits en Tyrol avec la tourbe carbonisée; lorsqu'en 1826, sur les bords du Rhin, à Rasselstein et Lendersdorf, des essais de puddlage à la tourbe crue furent suivis d'un plein succès, et, en 1829, on sut que, dans ces usines, on était parvenu à remplacer 22 pieds cubes de charbon de bois par 54 pieds cubes de tourbe. A la même époque, l'affinage dans quelques usines des Vosges, par exemple à Rothau, se faisait avec un mélange de 2 de charbon de bois et 1 de charbon de tourbe en volume, et des résultats avantageux furent obtenus dans un haut fourneau du Fichtelgebirge en remplaçant 1/6 de charbon de bois par un volume égal de charbon de tourbe. Mais les expériences les plus complètes et les plus décisives, celle du moins qui sont le mieux connues en France, sont celles qui, de 1850 à 1855, ont été faites par M. Larreillet dans ses usines d'Ichoux (Landes); cet habile maître de forges a complétement réussi à remplacer la houille par de la tourbe desséchée de manière à contenir seulement 10 pour cent d'eau, et cela dans trois opérations importantes : le puddlage, le corroyage et le réchauffage pour étirer, obtenant aujourd'hui des produits dont la qualité est telle, qu'ils peuvent être employés à la fabrication des chaînes-câbles dans la petite usine de Saint-Esprit, près Bayonne. Enfin, en 1859, les usines à zinc et à cuivre de Tierceville (Eure) ont remplacé la houille par la tourbe avec un avantage marqué.

Combustible végétal.
Bois vert

Si maintenant nous passons au combustible végétal, nous verrons avec quelle activité les modifications diverses se sont succédé. On sut en 1855 que, malgré les idées reçues en métallurgie sur l'état des combustibles à employer, le haut fourneau de Soumboul, dans le gouvernement de Wybourg, en Russie, marchait avec le bois de pin et de sapin employé en nature. On sut aussi que le fourneau de Plons, dans le canton de Saint-Gall, en Suisse, et ceux de Westpoint et Stockbrige, dans l'État de New-York, marchaient avec un mélange de bois et de charbon de bois. Dès lors, c'est-à-dire depuis 1835, de nombreux essais ont été faits, et, en 1837, le bois vert était employé dans sept fourneaux de la Haute-Saône et dans d'autres usines du Haut-Rhin, de la Haute-Marne et du Doubs. On est parvenu à ce résultat, que 1 stère de bois vert de taillis de dix-huit à vingt-cinq ans remplace $\frac{1}{2}$ mètre cube de charbon de bois, résultat qui correspond à un procédé de carbonisation qui rendrait en volume 50 pour cent, au lieu de 29 pour cent que l'on obtient habituellement. Le maximum de charbon que l'on puisse, théoriquement, remplacer par 100 parties de bois est 64 parties de charbon, ce qui correspondrait à une économie d'environ 55 pour cent de la consommation primitive ; mais ce maximum est une limite qui ne sera pas atteinte. La plus forte proportion, dont jusqu'ici l'expérience ait sanctionné l'emploi et qui ait donné lieu à une pratique régulière et usuelle sans aucun inconvénient, et même avec beaucoup d'avantage au fourneau de Montblainville (Meuse) par exemple, est celle de moitié du volume total de combustible. Avec cette proportion, et 1 stère de bois remplaçant, comme nous l'avons dit, $\frac{1}{2}$ mètre cube de charbon, l'économie de combustible est de 14 pour cent. Il semblerait, au premier abord, qu'une fois un pareil résultat acquis, il ne reste qu'à en faire l'application dans les divers établissements de France, mais il n'en est point ainsi ; la grosseur du minerai que l'on traite joue un grand rôle dans le succès de ce mode de traitement, et ce qui a réussi dans tel fourneau qui traite des minerais en morceaux, a échoué dans tel autre qui traite des minerais en grains. C'est parce que les exemples analogues à celui-ci sont nombreux, que notre industrie doit s'abstenir de généraliser, et que chaque maître de forges est dans l'obligation rigoureuse de se livrer à une étude approfondie des conditions particulières dans lesquelles il marche.

Bois torréfié. L'emploi du bois en nature conduisit rapidement à d'autres essais, pour produire un combustible en quelque sorte intermédiaire entre le bois et le charbon, et donna naissance à un progrès plus réel. Des expériences suivies pendant plus d'une année à l'usine des Bièvres (Ardennes), amenèrent à disposer, au-dessus du gueulard, des vases clos que la flamme du haut fourneau échauffait, et dans lesquels le bois, découpé en menus morceaux, subissait une carbonisation imparfaite capable seulement de lui faire perdre 40 pour cent de son volume. Cette méthode, introduite dans l'usine d'Haraucourt (Ardennes), y procura des avantages marqués, puisque les minerais traités rendirent 54 pour cent au lieu de 52, en même temps que la tonne de fonte obtenue ne consommait que 19,44 stères de bois, au lieu de 25,52 stères que l'on consommait en employant le charbon seul. Beaucoup d'usines en France ont imité l'exemple donné dans les Ardennes, et il est certain que le bois torréfié ou *charbon roux* peut être employé soit seul, comme aux fourneaux de Senuc et des Bièvres dans les Ardennes, soit en mélange avec du charbon ordinaire, suivant les circonstances. Cependant cet emploi a été abandonné sur un grand nombre de points, à Seveux (Haute-Saône) par exemple, et il est probable que les causes d'abandon ont été très-variables. Ainsi la distance où une usine se trouve des forêts qu'elle exploite doit jouer un grand rôle dans un procédé qui oblige à transporter le bois en nature, c'est-à-dire à transporter 1 au lieu de 0,18 à 0,20, poids de charbon que l'on obtient ordinairement par la carbonisation en meules. On peut dire aujourd'hui que chaque localité doit rechercher, en tenant compte de toutes les considérations relatives aux distances, aux minerais traités, etc., quel est l'état auquel le bois doit être amené, et quelle réduction en volume et en poids il doit subir, pour produire les effets les plus avantageux. Ainsi, dans le Doubs, un autre genre *Bois desséché.* d'appareil a été imaginé et appliqué, appareil dans lequel on desséchait simplement le bois, de manière à produire une diminution de volume qui variait de 54 à 17 pour cent; mais ces essais ne paraissent pas avoir complétement réussi.

Toutes ces tentatives faites pour parvenir à l'économie du combustible sont loin d'être les seules preuves que les maîtres de forges aient données de leur ardent désir de mettre l'industrie du fer en France en état de lutter avec celle des pays voisins. Les appareils dans lesquels les matières sont chargées pour être élaborées ont aussi été retouchés, et souvent avec avantage. Un nombre considérable de hauts fourneaux ont été reconstruits depuis peu d'années, et on leur a généralement donné une plus grande élévation, en même temps qu'on les a fait marcher à deux tuyères au lieu de marcher à une seule tuyère, suivant le mode presque unanimement usité il y a dix ans. — C'est pendant que ces changements s'opéraient qu'est venue de Silésie, où on l'avait appliquée en 1828, l'idée des creusets-puisards dont le but principal est d'augmenter les produits en évitant les interruptions, idée dont plusieurs fourneaux du Bas-Rhin, qui travaillent en moulages, se sont promptement emparés. Quelques usines, celle de Torteron par exemple, y ont substitué avec avantage de simples plaques percées d'un trou, par lequel on coule à volonté comme d'un fourneau à la Wilkinson.

AIR LANCÉ DANS LES APPAREILS. En France, nous n'hésitons pas à le reconnaître, la plupart des machines soufflantes appartenaient à l'enfance de l'art, et lançaient dans les appareils des quantités d'air tout à fait insuffisantes ; mais ce qu'il faut ajouter, c'est que depuis vingt ans le nombre des souffleries qui ont été entièrement reconstruites est considérable, et on les a toutes disposées de manière à quadrupler et quintupler le volume d'air lancé dans les hauts fourneaux. Lorsque les cours d'eau se sont trouvés trop faibles pour faire marcher ces machines plus puissantes, on a remplacé la force de l'eau par celle de machines à vapeur, et un grand nombre d'usines ont ajouté une machine à vapeur à leur cours d'eau; pour parer aux inconvénients des sécheresses de l'été. Du reste, cet air qu'on lance dans les appareils devait bientôt subir lui-même une importante modification.

Air chaud. Quelques expériences faites en 1829 sur un simple feu de maréchal, par M. Nielson, directeur de l'usine à gaz de Glasgow, conduisirent à penser qu'il pourrait y avoir de l'avantage à alimenter la combustion par de l'air préalablement chauffé. Telle fut, en Écosse, l'origine de ces *appareils à air chaud* qui se répandirent bientôt sur le continent, et auxquels, dès la fin de 1832, on fit dans la belle usine de Wasseralfingen, qui appartient au Gouvernement Wurtemburgeois, l'application de l'emploi de la flamme perdue des hauts-fourneaux. C'est aussi en septembre et octobre 1832, que furent faites en France, au haut fourneau de Vienne (Isère), les premières expériences de ce procédé qui semblait destiné à opérer une révolution complète dans l'art des forges. Il a été rapidement adopté et a été appliqué aux usines marchant avec les divers combustibles, ou avec les mélanges des divers combustibles; mais les succès obtenus ont été très-variables. En somme, cette innovation est heureuse, elle a constamment procuré une économie de combustible qui a varié dans des limites extrêmement étendues, depuis 14 pour cent, comme dans un fourneau de Silésie, jusqu'à 45 pour cent, comme au fourneau de Vienne en Dauphiné; dans un grand nombre de cas, cette économie a été d'environ 20 pour cent, et l'on a observé aussi une économie de castine. L'augmentation de produit, dans un temps donné, a été générale sans être constante, et l'on peut en dire autant de l'allure des fourneaux ; elle a généralement été rendue plus régulière ; mais dans un certain nombre de cas, notamment en France, l'emploi de l'air chaud a déterminé des chutes et des accidents assez graves pour y faire souvent renoncer. Quant à la qualité des produits, quoique tous les premiers rapports s'accordent à les considérer comme améliorés, une pratique plus étendue a montré que si les fontes moulées sont plus belles à cause de la plus grande fluidité de la matière, elles n'offrent pas constamment la même ténacité, et que les fontes pour forge se sont montrées, dans certains cas, plus difficiles à travailler. Cependant il résulte d'expériences faites en Angleterre, que la fonte obtenue à l'air chaud renferme moitié moins de substances étrangères au fer que celle obtenue à l'air froid, et que la résistance *transversale* du fer provenant de fontes à l'air froid ou à l'air chaud, n'est diminuée que dans le rapport de 1000 à 977,6. D'une autre part, on a prétendu que certaines fontes au coke qui, obtenues à l'air chaud, étaient en effet plus cassantes en première fusion, reprenaient leur avantage en seconde fusion.

Vous voyez, Messieurs, quelles incertitudes règnent encore sur les fruits que nous pouvons tirer de ces appareils dispendieux, incertitudes d'autant plus grandes, qu'il est permis de supposer que la solution se trouvera dans l'emploi simultané de l'air chaud et de la vapeur d'eau, celle-ci étant introduite dans des proportions qui varieront nécessairement avec la nature des minerais traités. Cette indication, qui résulte de quelques expériences récemment faites, va peut-être nous offrir un nouveau champ de découvertes, et une nouvelle occasion de dépenses.

Mais de tous les perfectionnements récemment proposés et appliqués, celui qui semble devoir apporter à l'art des forges les modifications les plus importantes, est l'emploi de la flamme qui s'échappe des divers appareils où s'opèrent les élaborations successives de nos produits.

EMPLOI DE LA FLAMME PERDUE.

Dès 1806 (1), M. Aubertot fit, dans ses usines du département du

(1) Depuis longtemps on faisait usage en Saxe d'un four à réverbère dont la flamme, après avoir servi au grillage des minerais, passait sous deux autres voûtes où elle était utilisée pour d'autres usages.

En 1811, une usine située dans un des faubourgs de Londres employait la flamme perdue de fours à réverbère à chauffer les bouilleurs d'une machine qui mettait en mouvement les mécanismes de l'usine. (*Annales des arts et manufacture*, n° 120 ; juin 1811, p. 265-265.)

Cher, beaucoup plus que des expériences : il tira parti en grand, et avec
un succès remarquable, de la flamme qui s'échappe des hauts fourneaux
et des foyers d'affineries. Il imagina d'abord de l'employer à la cémen-
tation de l'acier, ce qui réussit complétement; puis il s'en servit pour
cuire de la chaux, de la brique, des tuiles, etc. ; ensuite il la fit passer
dans des fours à réverbère où il réchauffait le fer de manière à l'étirer et
à le fendre; enfin il parvint à lui faire produire à la fois presque tous
ces effets, en la faisant circuler dans plusieurs fours placés les uns à côté
des autres, et à employer un reste de chaleur à des usages domestiques.
Cet habile maître de forges abandonna généreusement au public les inté-
ressants résultats qu'il avait obtenus, et il ne se réserva, par un brevet
pris en 1811, que le privilége de la fabrication de l'acier cémenté.

A la même époque MM. Rambourg et Gazeran, profitant de l'exemple
et des leçons donnés par M. Aubertot, construisirent, sur un haut fourneau, un four à chaux dans lequel ils parvinrent, à titre d'essai, à mettre
en fusion les verres alcalins et métalliques, à cuire les poteries les plus
dures, et même la porcelaine.

Enfin, dès 1814, M. Berthier appelait l'attention des maîtres de forges sur ces résultats divers, et les excitait à employer la flamme des
hauts fourneaux et des feux d'affineries à une foule d'usages, et notamment au chauffage des bouilleurs des machines à vapeur.

Ces conseils furent peu suivis. Vers 1820, dans l'Eiffel, dans les pays
de Nassau et de Darmstadt, on fit cuire la chaux et la brique avec la
flamme des hauts fourneaux; on appliqua même à cet usage la flamme
de fourneaux à manche; dans quelques usines du Haut-Rhin, la flamme
perdue des hauts fourneaux fut employée au grillage des minerais, et nous
avons vu plus haut quel usage on en fit pour la préparation du combustible. Mais l'instant n'était pas venu où la haute importance de ce combustible gazeux serait comprise et appréciée. Peut-être quelques essais
malheureux, comme celui qui fut fait en 1826 à Longeville (Meuse),
où l'on voulut établir une machine à vapeur chauffée par ce moyen, con-
tribuèrent-ils à retarder l'intelligence de cette application depuis si longtemps indiquée. Quoi qu'il en soit, l'usine qui donna l'exemple en
France, fut celle d'Echallonge, près de Gray. Les bouilleurs d'une machine de six chevaux, destinée à faire marcher la soufflerie quand l'eau
viendrait à manquer, furent placés au-dessus du gueulard du haut fourneau, et la machine fonctionna en 1833. Plusieurs usines du Bas-Rhin

et du Doubs suivirent bientôt cet exemple ; on augmenta successivement la force des machines que l'on voulait faire mouvoir ainsi. En 1857, celle de Niederbronn fut déjà de dix-huit à vingt chevaux, et à Pouancé (Maine-et-Loire), la flamme perdue fit marcher, à elle seule, une machine assez puissante pour souffler deux feux de forges et un fourneau qui produit 80,000 kilogrammes par mois.

De pareils résultats étonneront moins si nous ajoutons que des considérations théoriques tendent à établir que, dans les procédés actuels, on perd les *trois quarts* de la chaleur que peut fournir le combustible chargé dans un haut fourneau, et qu'*un douzième* au plus de cette chaleur perdue est suffisant pour faire marcher la soufflerie.

Mais ce n'est pas tout ; des expériences faites, en 1858, à l'un des fourneaux de Niederbronn, mirent sur la voie d'un nouveau mode qui fut immédiatement appliqué : il consiste à recueillir, dans des tuyaux, la totalité des gaz qui s'échappent du gueulard, et à les conduire, comme pour l'éclairage au gaz et sauf la distance, dans toute espèce d'appareil où on veut les utiliser en les brûlant. C'est ainsi qu'on les conduit sous les bouilleurs d'une machine à vapeur placée à une certaine distance du fourneau, comme on le voit à l'un des hauts fourneaux de Niederbronn (Bas-Rhin), et à celui d'Osne-le-Val, dans la Haute-Marne. C'est encore ainsi qu'on a utilisé l'énorme chaleur développée par la combustion de ces gaz pour opérer le puddlage de la fonte, et que l'usine de Watterallingen offre déjà un exemple de cette application.

Dans les usines d'Imphy, de Fourchambault, de Châtillon, etc., la flamme des fours à réverbère est employée maintenant à chauffer, en tout ou en partie, les chaudières des machines qui servent de moteurs, et, depuis trois ans, on a construit à Abainville (Meuse) une machine de cent chevaux qui fait mouvoir toute la forge, et dont les générateurs n'emploient pas d'autre combustible que la flamme perdue de deux fours à réchauffer.

Enfin une contrée du midi de la France, qui travaille le fer par un mode particulier et le retire directement de minerais exceptionnels par leur richesse, a compris qu'elle ne pouvait rester étrangère à ce grand mouvement, et que ses procédés qui ont conservé, plus qu'aucun autre, les traces du travail du fer chez les anciens, devaient subir de profondes modifications sous peine de voir son industrie complétement anéantie. Le 28 février 1856, les maîtres de forges du département de l'Ariége ont formé un comité central qui n'avait pas seulement pour objet de s'occuper des intérêts commerciaux des forges catalanes, mais qui avait aussi pour mission spéciale de s'occuper de l'amélioration de la fabrication des fers. En effet, depuis quatre ans, d'importants perfectionnements ont été faits au travail catalan, et le département de l'Ariége pourra désormais lutter avec les usines qui avaient envahi tous les marchés de la Haute-Garonne, des Hautes-Pyrénées et de Tarn-et-Garonne, marchés que, pendant si longtemps, il approvisionna seul, et dont il était à la veille d'être expulsé.

Tel est, Messieurs, le résumé succinct des nombreuses tentatives faites dans ces derniers temps pour porter la fabrication du fer, en France, au degré de perfection qu'elle peut atteindre dans un petit nombre d'années, comme tout nous autorise à le présager. Nous avons cru devoir passer sous silence les perfectionnements de détail apportés à quelques usines, comme les voûtes qui recouvrent les feux d'affinerie, l'emploi du procédé de M. Schafhautel (1) pour améliorer certains fers, l'emploi des scories de forges, etc. Ce dernier emploi avait été essayé sans succès dans un grand nombre de hauts fourneaux, mais la persévérance de M. Ardaillon est parvenue à faire entrer les scories pour plus d'un quart dans la consommation de son usine de l'Horme (Loire). Nous sommes loin de nier la valeur de ces perfectionnements divers, mais nous avons cru devoir insister de préférence sur ceux qui, plus généralement adoptés ou tentés, semblent destinés à passer tôt ou tard dans la pratique de presque tous les établissements.

Nous avons attaché de l'importance, Messieurs, à mettre sous vos yeux cette longue série d'efforts qui témoignent si hautement du bon vouloir des maîtres de forges pour améliorer leurs procédés, économiser le com-

---

(1) Le procédé pour lequel le docteur Schafhautel a pris un brevet en 1835 consiste à projeter, dans le four où s'exécute le puddlage, un mélange dans lequel entrent du sel marin, du peroxide de manganèse et de l'argile. Son emploi a été essayé en Angleterre et dans un grand nombre d'usines de la Prusse Rhénane ; on y a reconnu qu'il améliorait réellement la qualité du fer, mais le trop fort déchet qu'il entraînait l'a fait abandonner. Les forges du Creusot (Saône-et-Loire) ont appliqué ce procédé pendant six mois consécutifs, et là aussi on a constaté une amélioration dans la qualité des fers, mais on y a trouvé divers inconvénients qui le rendent gênant dans une grande fabrication. Nous devons dire qu'encore aujourd'hui il est employé, par intervalles, à l'usine de Alph, entre Trèves et Cologne.

bustible, et finalement abaisser le prix des fers en France. Nous vous avons fait compter, pour ainsi dire, les sacrifices qu'ils se sont imposés pour atteindre ce résultat si désirable, et nous espérons que vous nous aiderez devant la Chambre à faire prévaloir le système d'encouragement dont les maîtres de forges se sont rendus si dignes, système qui, d'ailleurs, peut seul concilier l'intérêt des usines et le véritable intérêt du pays.

Les membres du Comité :

BENOIST (Denis), BEUGON-ARSON, HOCHET, MUEL-DOUBLAT, PALYART, SCHNEIDER aîné, DE VOGUÉ.

Impr. de SCHNEIDE et LANGRAND, rue d'Erfurth, 1.